창작동네 시인선 130

치유의 숲속 길

구행자 詩集

노트북

창작동네 시인선 130

치유의 숲속 길

인　쇄 : 초판인쇄 2021년 07월 05일
지은이 : 구행자
펴낸이 : 윤기영
편집장 : 정설연
펴낸곳 : 노트북 출판사
등　록 : 제 305-2012-000048호
본　사 : 서울시 동대문구 사가정로 256-4호 나동B101
전　화 : 070-8887-8233 팩시밀리 02-844-5756
　HP　: 010-8263-8233
이메일 : hdpoem55@hanmail.net

2021.07 치유의 숲속 길_구행자 시집

정 가 : 10,000원

ISBN : 979-11-88856-31-2-03810

*저자와의 협의로 인지는 생략합니다.
*잘못된 책은 교환해 드립니다.

첫 시집을 내면서

구행자

 오랫동안 갈망하던 첫 시집을 망팔에서 출간하게 되어 기쁘기도 하고 두렵기도 하고 감회가 새롭습니다. 늦은 나이에 문학의 뜻을 품고 문화원과 문학의 집에서 시와 수필을 공부하고 오랫동안 습작해왔습니다.

 무한한 노력 끝에 시와 수필로 등단했으며, 지역 신문과 잡지사에 투고 활동을 하며 무척이나 행복했습니다.

 시를 쓴다는 것은 어쩌면 내면을 보여주는 것과도 같지만 사물을 보고 느낌으로 심상과 실상을 넘나들며 진실하게 쓰려고 노력했습니다. 다소 부족한 점 있다 해도 넓은 아량으로 읽어 주셨으면 감사하겠습니다.

 젊은 시인들의 비유법에는 못 미치지만 나름 정성 들여 썼어요. 카스토리에 틈틈이 쓴 5백여 편 詩 중 일부를 이번 첫 시집에 넣습니다. 일찍이 가장이 되어 사남매 키우느라 여념이 없었지만 뒤늦게나마 문학에 심취하여 시를 썼고, 내 인생의 이야기가 시가 되어 많은 위로가 되었습니다.

 저를 지도해주신 김영미 박사님 조한순 선생님께 감사드리며 아울러 출판을 해주신 윤기영 대표님 정설연 편집장님께도 감사 인사드립니다.

시집 출간을 축하하며

문학박사 김영미

 구행자 시인의 시집 『치유의 숲속 길』 출간을 축하드린다. 그녀의 말대로 망팔을 바라보는 나이에 분발하여 꾸준히 정진하는 뜨거운 열정에 박수를 보낸다.
 구행자 시인은 젊은 나이에 혼자되어, 4남매를 훌륭하게 키운 장한 어머니이다. 어려운 삶 속에서도 꿋꿋하게 자식들을 잘 키워서 출가시킨 뒤, 인생 황혼기에 이르러 열심히 문학공부를 하고 시인으로 등단하게 되었다. 그리고 갈고 닦은 작품을 모아 시집 『치유의 숲속 길』을 세상에 내놓았다.
 시는 마음의 산책이다. 이는 마음이란 빈 공간에서 생산되는 거창한 것이 아니고, 생활 속에서 보고 느끼고 생각하는 것을 묘사하고, 자연의 아름다움을 씨줄과 날줄로 엮어가는 작업이라 하겠다. 또한 상상의 세계를 관조하고, 다른 장르와 달리 심상의 색깔을 함축하여 언어로 만드는 작업이 시(詩)인 것이다.
 시는 어렵게 생각하면 한없이 어렵고 힘겨운 것이 될 수도 있다. 일반적인 생각은 시가 굉장히 어렵고 아무나 손댈 수 없는 것으로 알고 있다. 구행자 시인은 그녀가 살아온 삶의 경험을 겸허

하게 받아들이고, 밝고 바르게 사물을 보고 있다. 그리고 한 편의 시를 완성하기 위해 오랜 시간 고민한 흔적을 엿볼 수 있다.

 앞으로도 지속적으로 관심을 갖고 시에 몰입하여 생명이 있는 시, 향기가 있는 시의 텃밭을 차분히 잘 가꾸어 더욱 발전된 시를 수확하기 바란다.

목 차

1부 치유의 숲속 길

003...첫 시집을 내면서/구행자
004,,,시집 출간을 축하하며/김영미
010...치유의 숲속 길
011...흥정계곡
012...은행나무 바라보며
013...백일홍
014...기다림
015...산중
016...아름다운 인연
017...봄소식
018...봄이 오는 소리
019...마음속의 나무
020...그대의 꽃으로
021...고향 생각
022...봄 햇살 언제쯤
023...꽃들의 향연
024...꽃샘추위
025...장미꽃과 양귀비꽃
026...봄은 뒷걸음치나
027...내 고향 산천
028...여름
029...가평 아침고요수목원
030...풀잎 끝에 맺힌 사랑
031...구마르뜨 언덕
032...하늘과 땅 사이
033...나의 산책길
034...철쭉꽃이 웃다
035...한 폭의 수묵화

2부 추억

038...추억
039...어머니
040...그리운 아버지
041...살만한 인생
042...인연
043...소망
044...고독할 때와 사랑할 때
045...명절
046...뒤돌아 보지 말자
047...내 마음 뺏겼네
048...인생은 뜬구름
049...욕심
050...사랑
051...착각
052...회상록(回想錄)
053...망부석
054...인생은 달빛
055...사랑은 믿음과 신뢰
056...내적 갈등
057...인생길
058...행복
059...지나고 나면
060...일상의 삶
061...덧없는 인생
062...인생과 인연

3부 순환의 시절

066...봄이 오고 있다
067...성에꽃
068...매화꽃
069...민들레꽃
070...능소화꽃
071...허공(虛空)
072...단비
073...폭포수
074...해운대 바닷가
075...노을
076...창밖의 빗소리
077...용추폭포
078...모란꽃
079...해바라기꽃
080...새 한 마리
081...반추
082...들꽃
083...봄 까치꽃
084...짧은 사랑 긴 여운
085...엄마의 추억
086...시골 아낙
087...바위틈에 핀꽃
088...비 오는 날 안양천
089...수양버들
090...징검다리
091...가을이 노크한다
092...단풍잎
093...해바라기 순정
094...가을이 오는 소리
095...명성산 억새꽃
096...타오르는 단풍잎
097...갈대숲
098...은행잎
099...나는 어미새

4부 그리운 것들

102...나의 소녀 시절
103...침묵
104...잘못된 선택
105...순리
106...해탈(解脫)
107...파도와 조약돌
108...외로움
109...이제야 철이 드는가
110...말의 능력 위대함
111...인간의 심리
112...그리움은 눈물 되어
113...못다 한 사랑
114...도전은 꿈을 이룬다
115...그리운 당신
116...나의 말년
117...보석 같은 인연
118...인생에 의미를 두지 말자
119...인생의 무늬
120...산마루 노을빛
121...깊은 밤 잠 못 이루고
122...일장춘몽
123...겨울 문턱
124...첫눈 오는 날
125...함박눈
126...구행자 선생님
　　　첫 시집 출간을 축하드립니다
　　　조한순 (시인. 수필가)

1부. 치유의 숲속 길

치유의 숲속 길

낭송 정설연

봄 햇살 피어나는 아침
아지랑이 가물가물 피어나고
빛바랜 추억들이 떠올라
폭포수 같이 쏟아져 퍼진다

편백나무 숲속 길 걷다 보면
피톤치드 가득한 공기에
지친 영혼마저 치유되어
정신을 맑게 해준다

숲속에서 자연을 느끼며
마음의 문 활짝 열려
사랑의 기억을 소환하면서
행복을 안고 걷는다

흥정계곡

깊은 계곡 흐르는 물소리
아름다운 선율
나무숲을 감싸는 운무는
한 폭의 수묵화

새소리 물소리 바람소리는
나를 감동시키는 교향곡
밤사이 살포시 얼굴을 내민 별들은
반짝이는 보석으로 풀잎에 맺혔네

그리움으로 밤을 지샌 다람쥐
사랑 찾아 헤매고
계절은 바뀌어 무지개 옷을 갈아입으면
무릉도원이 따로 없겠네

구행자

은행나무 바라보며

초여름 길가 가로수 되어
우뚝 서 있는 너
시원한 그늘 주는 고마운 너
양팔에 달린 파란 주머니
주렁주렁 매달린 구슬
옹골차기도 하네

철 지난 늦가을 녘에
노란 복주머니 바꿔 달고
한 알 두 알 떨어지는 황금알은
장수의 열매인가

가고 오는 계절 속
흐르는 세월은 엊그제 같은데
내 머리카락은 왜 이리
애달프게 희단 말인가

백일홍

안양천 길섶 몸맵시 자랑하며
빨강치마 노랑 저고리 곱게 입고
그리운 님 기다리며 서 있네

비단 겹 펼치듯 꽃망울
차례로 터트리는 너
기다리며 백일 정성 드렸건만
가슴에 안기지도 못한 채
쓸쓸히 떠나가네

꽃잎 겹겹이 싸인
사랑 노래 읊으면
오가는 길손 발걸음 멈추고서
백일 동안 살다가 간 네가 아쉬워
한사코 눈시울 적신다

구행자

기다림

오랫동안 갈망하며 그리던 꿈
언젠가 이루어지겠지
그렇게 쏜살같이 지나간 세월
반추해 보니 허무하다
반백 년 애타게 기다려 봐도
단비는 안 내리고 날이 갈수록
허허벌판 외롭게 핀 들꽃이더라

이제 마지막 노을빛 아름답게
물들이고 싶은 마음인데
안개 낀 새벽처럼 보일 듯 보이지 않고
잡힐 듯 잡히지 않는 너는
언제나 먼 곳에 있다
하얀 도화지에 그린 반달
보름달로 채워질 수 있을까.

산중

봄바람이 불어오는가 했더니
아직은 이른가
새벽 잔디밭에 내린
하얀 서리가 얼어붙어
상고대 되었다

산중 기후란
낮과 밤 차이가 정반대
봄이 오는가 했더니
뒷걸음치기도 하고
한낮에는 눈부신 햇살
조석으로 싸늘한 바람
산골짝 잔설은 그대로

그런가 하면 양지바른 곳
파릇파릇 새싹 돋아나
겨울과 봄의 공존
신비스런 대자연 앞에선
나는 고개를 숙일뿐이다.

구행자

아름다운 인연

바람이 불어와 부딪히며
머물다가 만난 인연 날이 갈수록
애틋한 그리움이 될 줄 몰랐네
늘 함께할 수는 없지만 서로의
마음을 전하는 사이로 변하면 좋겠다

건강과 행복을 염려하고
배려하는 마음이면 세상 풍파 속에
상처 입은 마음 잠깐이라도
포근한 위안을 받아 맑은 영혼 되어
살맛 나는 세상에서 살고 싶다

때로는 선배처럼 때로는 친구처럼
서로에게 마음의 양식을 주고받으며
기댈 수 있는 길잡이가 되면 좋겠다
바람같이 불어와 바람같이 사라지는
인연 아닌 아름다운 인연이면 좋겠다.

봄소식

얼었던 마음속에 봄바람 불어오니
사르르 녹아내려 생명을 일으키고
비로소 잠자던 대지 꿈틀대며 웃는다

앞산에 진달래꽃 손짓해 오라하고
물소리 바람 소리 산천은 춤을 추고
진달래 꽃망울 터져 향기가득 취한다.

구행자

봄이 오는 소리

하얀 눈으로 뒤덮인
산하
사르르 사르르 녹아
시냇가 물 흐르는 소리
새 생명 일으킨다

여기서 톡 저기서 톡
꽃망울 터지는 소리
약동(躍動)의 소리 울린다

호숫가 맑은 물에
개구리 첨벙첨벙
사랑 노래 한창이니
곧 새 생명 태어나겠다.

마음속의 나무

내 마음속에
큰 나무 한 그루 심었다
언제나 늘 푸른 소나무

나는 나무가
잘 자랄 수 있는
푸른 숲이 되었다

우거진 수풀 사이로
작은 옹달샘도 만들어
맑은 물이 넘친다

나무를 위한 푸른 동산은
휴식을 취할 수 있는 곳
나무의 유일한 놀이터
옹달샘은 나무를 위한 생명수.

구행자

그대의 꽃으로

그대가 나를
하나의 꽃으로
불러주길 원한다

내가 그대를
한 그루 나무로 생각하듯
그대는 나를
한 송이 꽃으로
보아주길 원한다

나는 그대에게
그대는 나에게
아름다운 꽃과
든든한 나무의 의미로 남고 싶다

나의 빛깔과 향기를
사랑하는 그대의 꽃으로
영원히 남고 싶다.

고향 생각

앞 개울
수양버들 치렁치렁
조용한 오솔길 걷다 보면
멀리서 들려오는 이름 모를
풀벌레 소리 들린다

새벽 살포시 내린
방울방울 맺힌 이슬
초가지붕 하얀 박
시골의 소박한 풍광

바람 타고 들려오는
풀벌레 소리가
고향의 소리인 듯
그 소리 정겨웁고
그 오솔길이 그립다.

구행자

봄 햇살 언제쯤

하늘은 먹구름 가리어서
휘영청 밝은 달빛도 볼 수가 없어
안타까운 심정뿐
세상은 어수선하니
언제 먹구름 거치고
밝은 달빛 반짝반짝 빛나려나

봄날이
빨리 왔으면 좋겠다
그래도 세월은 멈추지 아니하고
꽃봉오리 터지는 소리가
살며시 다가오리니
따스한 봄빛
햇살은 바람 생명을 흔들어 깨워
세상을 화사하게 비추겠지.

꽃들의 향연

꽃 곁에 다가 가면
덩달아 향기가 나고
햇살 곁에 있으면
온기가 전해진다

흙냄새 풀 향기 들꽃들
아름다운 산천초목
우리에겐 모두 소중한
위대한 자연이다

자연과 교감을 나누면
울적한 마음도 밝아져
힐링이 되어 활력소 생겨나
삶이 행복해진다

오뉴월 꽃들의 향연
눈으로 즐기고
푸른 숲속 나무와 소통하며
생명체와 교감을 나누면
마음의 병은 자연히 치유된다.

구행자

꽃샘추위

봄바람 산들산들 불어와
옷깃 사이 스며들고
나뭇가지 흔들흔들
하늘에서 꽃비가 내리네

꽃샘추위를 하는 건가
바람과 무관한 듯 꽃들은
춤을 추며 방실방실 웃네

하지만 내 마음속엔
찬바람이 부는 겨울
따뜻한 봄바람 불었으면 좋겠네.

장미꽃과 양귀비꽃

오월에 흐드러지게 핀 장미
때가 지나면 아름다운 모습은
볼 수 없어져 가고

붉게 물든 양귀비꽃
정열적 요염한 자태로
배시시 웃음지며 반기다

넓은 들판에 양탄자 펼치듯
절세미인 양귀비 사뿐사뿐
걸어오는 것 같구나

꽃은 계절 따라 피고 지고
우리 인생은 자연과 함께
돌고 돌아 춤을 추며 산다

오월의 장미는 아름답지만
가시가 있어 다가갈 수 없고
오유월 양귀비꽃 요염하고
정열적이라 접근하기 두렵다.

구행자

봄은 뒷걸음치나

사랑의 새싹 움트며
다가오는 발자취
봄이 오는가 했더니
저만치 도망갔다

아직 사랑의 꽃 피우기엔
이른 걸까?
꼭꼭 숨겨놓은 꽃망울

새싹 터트리기까지
봄은 아직 뒷걸음치나
소담한 꽃을 피우려면
얼마나 더 기다려야 하나.

내 고향 산천

텃밭에 아지랑이 가물가물
개울물 졸졸 노래 부르며
어딘가로 긴 여정이 시작된다

뒷동산 돌배 꽃 원추리 꽃
양지바른 곳에 할미꽃
딸내미 바라보기 한다

석양이 질 무렵 뒷동산 언덕
파란 하늘 뜬구름 두둥실
내 고향은 한 폭의 산수화
나의 영원한 안식처다.

구행자

여름

작열하는 태양은
온 대지를 불태우고
삼복더위 땀방울
송골송골 맺혀있다

하루가 지나고
또다시
여명은 서서히 밝아오고
새롭게 하루가 열린다

오늘도 간간이 내리는 소나기
더운 몸 식히며 시원한 물 한 컵
지친 몸 생명수 되었다

세월은 흐르는 듯
쌓이기도 하며
오묘한 이야기를 만들어
한여름 밤의 추억을
새롭게 써간다.

가평 아침고요수목원

태양은 대지를 불태우고
송알송알 맺힌 땀방울
온몸이 불타올라
축령산 솔바람에 쉬어간다

숲 사이로 흐르는 맑은 물은
구름도 쉬어가게 하고
바람 타고 들리는 새소리
아름다운 가락이 되어 들린다

한밤 새우며 부르던 노래
마지막 추억이 될 줄이야
제각기 다른 생각으로
꽉 찬 갈등 속에
이별의 암시가 깃들었었나 보다

되돌릴 수 없는 애달픈 추억
뜬구름 되어 흘러가고
창가에 앉아 손 흔들던 너
시야 속에 멀어져 간다.

구행자

풀잎 끝에 맺힌 사랑

아침 창가에 비치는 햇살처럼
포근한 그런 사람 같기에
난 그 사람 곁으로 다가갔어요

풀잎 끝에 맺힌 청초한 이슬
맑고 순수해 보인 그대를
좋아했나 보아요

때로는 우수에 찬 눈동자마저
사랑으로 다가가고
그 눈빛에 매혹되었지요

지금은 안갯속에 묻힌 사연들
영원할 것 같은 사랑도
풀잎에 맺힌 이슬 같아요.

구마르뜨 언덕

무지갯빛 언덕 큰 소나무
텃골을 지키는 수문장
돌틈 사이로 살짝 고개 내민
민들레 배시시 웃음짓네

길섶 양지바른 곳 제비꽃
수줍은 듯 살며시 미소짓네
봉긋봉긋 철쭉꽃 빠질세라
꽃망울 톡톡 터뜨린다

봄맞이하는 구로 문학의 집
언제나 문이 활짝 열려있네
멀리멀리 향기 퍼져 햇살처럼
몰려오는 배움 고픈 꿈들이여.

구행자

하늘과 땅 사이

하늘에서 꽃비가 내리는
사월 어느 날
당신은 구름 타고 먼 곳으로
홀연히 떠났다

벚꽃이 만발한
터널을 지나 하늘로
거처를 옮겨가니
하늘과 땅 사이 멀기만 하다

당신은 하늘에서
나는 땅에서 사니
은하수 가로 놓여 만날 수 없어
그리움이 가슴 아리어온다

오늘은 하늘로 떠나던 날
당신이 뿌린 씨앗들
자라 큰 나무가 되어서
당신의 집을 보수했다니
핑계 삼아 집이라도 보아야겠다.

나의 산책길

우성과 주공 사이 뒷골목엔
산책길이 있네
이름 모를 꽃들이 피어
가는 이의 발걸음 멈추게 하고

시골에서 상경해 사시는 할아버지
오늘도 이름 모를 꽃들을
잔뜩 심으며 하루를 시작하지요

할아버지 노고로 인해
나의 산책길은 즐거움과
행복으로 가득하고
꽃들과 대화는 지금부터

나는 네가 있어
행복하단다 말을 걸지요
꽃들은 알아들었는지
생긋이 미소를 짓네요
꽃과 나의 대화는
오늘도 이렇게 시작하지요.

구행자

철쭉꽃이 웃다

철쭉꽃이 활짝 웃네
나도 덩달아 소리 내어
하하 호호 웃는다

연분홍 얼굴에 활짝 핀 미소
행복이 넘쳐난다
초록 이파리 덩달아 춤춘다

그래 이렇게 웃으며 사는 거야
웃음 뒤에 행복도 미래도
아름다운 꿈도 이루어질 테니까.

한 폭의 수묵화

초저녁 밤은 점점 깊어만 가는데
무심코 창밖을 내다보니
달빛이 나뭇가지 사이로
보일 듯 말 듯 한 폭의 수묵화

달빛은 내 마음을 밝혀주고
시가 좋아 그동안 하나 둘 써놓은 글
세상 밖으로 꺼내노니 부끄러운 얼굴들

꽃 한송이 피우려고 모진 세월 보냈는데
풀밭에 이슬 내리듯
내 마음속엔 비가 내리네
다시 용기를 내어 한 줄 두 줄
한 폭의 수묵화가 될 때까지.

구행자

2부 추억

추억

지나간 추억 속에 맴도는
생각나는 한 사람
아주 가끔 떠오르는 사람
내가 가슴 쓰리도록 추울 때
살며시 다가와 어깨에 옷을
덮어주던 그 사람
지금쯤 무엇을 하고 있을까

한때는 너무 외로워서
큰 나무에 기대고 싶었다
그러나 모든 게 헛되고 헛됨을 깨닫고
글로 승화시켰다 글을 쓰다 보면
어느새 마음에 평화가 찾아온다
그리고 행복의 미소를 짓는다
지금은 제2 인생을 만들며 산다.

어머니

두메산골 양지바른 우리 집
평생 밭에 가서 일만 하시던 어머니
새벽 찬이슬 헤치며 밭고랑
다니시던 모습 아련하다

비단결같이 고우신 마음
집 앞뜰 뒤뜰에는
언제나 꽃이 피어 만발했는데
천국 길도 꽃길이었으면 좋겠다

평생 일하시는 것을
본업으로 삼으시고
밭에서 사시던 어머니
틈틈이 가꾸시는 꽃들은
우리 집을 꽃동산 만들었다

지금은 하늘나라에서
무엇을 하고 계실까
육 남매 키우느라 고생만 하시고
살만하니 천국으로 가신
나의 어머니 사랑합니다.

구행자

그리운 아버지

아련히 떠오르는 한 사람
아버지
가끔씩 깊은 곳에서
당신의 모습을 꺼내 봅니다

사랑방에 앉아서
청아한 목소리로
'청산리 벽계수'
시조를 읊으시는 모습
큰 나무 되어 내 마음속에 박혀있어요

아버지 말씀대로
'사서삼경'을 통달했다면
내 삶에 무슨 변화가 생겼을까요
역행한 잘못을 톡톡히 치렀어요

이제는 그래도 시 쓰고
수필 쓰며 이상을 실현하고 있어요
내 인생의 등불인 아버지
보고 싶어요 그립습니다.

살만한 인생

인생은 삶 자체가
기복(起復)이다
때로는 새로운 선물이
기다리고 있으니
이것이 인생(人生)이다

살다 보면 난관(難關)이
닥칠 때도 있으나
슬기롭게 극복하면
선물이 새롭게 찾아온다

삶
기복도 있지만
선물도 있어
살만한 인생이다.

구행자

인연

인생은 물 흐르듯
떠도는 구름처럼
어디서 어떻게 만날지 모르는 인연
떠돌다 바람이 불어와 부딪치며
만난 소중한 인연들
실타래 풀어가듯 풀어가며
사는 게 인생 아닌가?
날이 갈수록 깊어만 가는 우정과 사랑
사랑하며 살기도 부족한 나날
세월을 탓할게 아니라
남은 시간 알차게 석양의 노을빛처럼
아름답게 물들이고 싶다.

소망

사경(四更)이 되도록
잠 못 이루지만
벗할 책이 있고
시 쓸 수 있는
두 손 있으면 되지
더 뭘 바라나

하지만 시를 논할 수 있는
친구 하나 있으면 좋겠네
가슴으로 읽을 수 있는
맑은 물소리 같은 시어로
아름다운 글 꽃이 핀다면
더욱 좋겠네

구행자

고독할 때와 사랑할 때

사람은 가끔 왠지 모르게
외로워
마음 한 구석이 텅 빈 것 같아서
서글플 때가 있다

그럴 때 떠오르는 한 사람 있다면
그 사람은 행복한 사람
마음 한편 누군가 자리 잡고 있어
사랑할 여지가 있기 때문이다

고독은
사랑하는 사람과 무관하게
밀물과 썰물같이 밀려왔다가
밀려가듯 지나가기도 하고
사랑은 모래 속에서 보석을 찾듯
힘들게 찾아야 귀한 것을 안다.

명절

세밑,
이맘때면 왠지 모르게 쓸쓸 해 진다
왜 그럴까? 집안에 큰 나무가 없기 때문
나무는 사방으로 뻗어 뿌리를 내리고
덩그러니 원통만 남아있어 감싸줄 누군가가
없기 때문이다 그러기에 사람은 서로 기대며
사람인(人) 자로 살아간다

혼자 있으면 의지할 곳 없어 바람 한 점에도
쓰러지지 않으려고 안간힘을 쓸 뿐이다
누구를 생각할 여지가 없다
나에게 세밑은 즐겁지만은 않은 명절이다.

구행자

뒤돌아 보지 말자

물살같이 흘러간 세월
가시밭길이었든 꽃길이었든
미련 없이 뒤돌아 보지 말자

이제 후회도 미련도 버리고
구름 따라 바람 따라
과욕과 아집 버리고 하루하루
즐겁고 당당하게 남은 인생
편안한 마음으로 살자

저녁노을 고운 빛깔처럼
익어가며 절정으로 가자
저 노을처럼
아름답게 취해보자.

내 마음 뺏겼네

사르르 녹아내린 얼음꽃 소리마저
이토록 오묘하게 가슴에 스며들어
정겨운 음악으로와 마음속을 적시네

따스한 햇살처럼 살며시 다가와서
한 편의 시가 되어 꽃피어 내린다네
오늘도 그대 생각에 내 마음을 뺏겼네.

구행자

인생은 뜬구름

내 마음속에 맑은 호수가 하나 있다
그곳에 흐르는 물 어디로 흘러가나
그 위를 나는 새 하나 가는 곳이 어딘가

떠돌다 가는 곳은 알 수도 없겠지만
인생도 구름 따라 물 따라 흘러간다
방랑자 뜬구름 인생 머무는 곳 모른다

욕심

욕심은 부릴수록 커져가 패가망신
분수에 맞은 처신 하면서 살아야지
과욕은 금물이거늘 자제하며 살아요

허황된 생각 말고 베풀며 살아가요
한평생 살아봤자 천년도 못 사는 걸
한 백 년 살 것 같아도 길어봤자 백세죠

구행자

사랑

누군가를 만난다는 것은
좋아하기 때문일 것이다
지하철을 타고 무작정 달려가는 것은
외로움 때문일 것이다
외로움을 달래지 못하고 돌아설 때
몹시 쓸쓸하다 못해 서글프다
그 마음은 아직 사랑하지 않기 때문
좋아한다고 사랑한다고 고백할 수 없는 것은
사랑은 그의 단점까지 받아들이고 포용해야
진정한 사랑이라고 할 수 있기에
사랑이란 표현을 나는 감춰 두기로 했다.

착각

지구 한 바퀴 돌고 돌아왔나
나는 누구인가, 젊은 청춘인 양
착각 속에 살았나 보다
어느 날 문득 세월의 흐름을 잊고
꿈속에서 헤매고 있었다는 것을 깨닫고
깜짝 놀라 눈을 떠보니
어느새 갈대처럼 흔들리는 모습으로
변해있는 나의 모습을 보았다
착각 속에 환상 속에 세월을 잊고 살아온
내가 초라하게 느껴져 정신을 바짝 차렸다.

구행자

회상록(回想錄)

가시밭길 맨발로 걷다 보면
발에선 철철 피가 흐르고
그래도 걸어야만 하는 길
내 삶의 짙은 무늬다

삶이란 힘들고 지칠 때도 있지만
그 길을 거쳐 왔기에
비바람 불어와도 흔들리지만
꺾이지 않는 들꽃이 되었다

하지만 가슴속에 묻어두긴
심장이 터질 것 같아
한 행 두 행 써 내려가니
시가 되고 수필이 되었다

때로는 꽃피는 봄도 있었지만
유독 잊을 수 없는 날
추운 겨울날 덜덜 떨던 시간들
그렇게 고독과 벗이 되어
지난 반백년 살아온 삶이다.

망부석

파란 하늘 춤추는 은색 물결
멍하니 하늘을 바라보는
슬픈 눈빛
산에도 들에도 고독을 감수하며
억새가 되어 운다

망부의 한을 달래듯이
하얗게 소복하고 합장을 하며
그리움을 달래본다
스치듯 불어오는 바람마저
가슴속에 파고든다

떠나가 돌아오지 않는 님
언젠가 영혼이 부활하는 날
또다시 재회할 수 있을까
오늘도 망부석이 되어 있다.

구행자

인생은 달빛

인생은 초승달로 시작해서
그믐달이 될 때까지
다시 채워질 마음으로
희망을 가지고 달처럼 산다

초승달로 시작해서 보름달이 될 때까지
무한한 노력을 하고
잠깐 밝은 빛 비치다 서서히
기울어져 가는 달빛을 보았나

그러나 보름달이 조금씩
기울어져 가듯 인생도
보름달 되어 밝게 비치다
점점 기우는 게 인생이다

그리하여 그믐달은
황혼기가 되는 것이며
그믐달이 살아지듯
황혼기는 막을 내린다.

사랑은 믿음과 신뢰

내가 만든 성안에서 기거하다
세월이 흘러 빗장을 열고
세상 밖으로 나와 보니
살아가는 이치를 제대로 몰라
우정과 사랑을 혼동했다

사랑은 양념을 잘 버무려
소스를 충분히 뿌려줘야
제맛이 나는데 이기적인 생각으로
사랑의 소스를 듬뿍 뿌려주질
못해 제맛을 잃었다

사랑이란 믿음과 신뢰로
뭉쳐야지 거짓과 과장된
포장으로 만들어진다면
바람 불어 흔들이는 갈대같이
꺾어지기 쉽다.

구행자

내적 갈등

거창하게 포장된 허울 좋은 모습
하나 둘 벗겨 내니
몸통은 빛 좋은 개살구
그것은 화려하게 포장된 위선
인간의 본성은 다 아기 같은데
후천적으로 생기는 욕망과 갈등
그러나 누구를 탓할 것인가
상황에 변하는 과정 일뿐이다

나는 누구인가?
밑바닥에 깔린 마음은 같을 것이다
나의 벌거벗은 모습은 과연 어떤 모습일까?

이상과 갈등은 나의 화두일 뿐이다
진실한 마음과 육을 갈구하며 사는 사람
허황된 꿈을 꾸며 사는 잡히지 않는 바람
욕심을 버리고 현실의 모습을 직시해야 한다.

인생길

동녘 붉은 태양은 활화산
언제나 활활 타 오르고
새 아침을 알리는 붉은빛
대지로 퍼져 나간다

태양은 희망을 주는
그 이상의 존재
동쪽에서 떠 서쪽에서
마지막 불꽃을 태운다

인생은 초록 잎으로 시작해서
점점 노랗게 물들이다
절정에 이르면 낙엽 되어 사라진다

세월은 여전히 흘러가는데
왜 유독 황혼기에는
빨리 가는 느낌일까
아마도 아쉬움 때문이다.

구행자

행복

누구를
사랑할 수 있는
상대가 있다는 것은
참 행복한 것

외로움,
혼자 서 있는 나무는 외롭고
바람에 결에 살포시 안겨
한 나무 되어 기대면
외롭지 않아

행복,
행복이란 멀리 있는 게 아니고
항상 가까운 곳에 있으니
그곳에서 찾을 일

기회,
기회가 오면 놓치지 말고
찬스를 잡아라
기회는 여러 번 오는 게 아니다.

지나고 나면

오월의 마지막 주
푸른 하늘 뜬구름 두둥실
시냇가 수양버들 물속에
퐁당 빠져 물구나무하고 있네

물속에 비추인 풍경화
거꾸로 보이네
거꾸로 보이는 게 너뿐인가
때로는 세상도 거꾸로 가더라

하지만 잘못되어가는 세상 속에
살고 있는 우리들
이 또한 지나고 나면
새로운 6월이 오고
신록은 짙어가
꿈을 찾아 또 길을 걷네.

구행자

일상의 삶

하루에 몇 번씩
비웠다가 채웠다가
또 회개하고 반복하며 사는 삶

무엇을 그리 고뇌하나

채웠다가 비우고
채우면 욕심이 점점 부풀어 오르고
비우면 이토록 마음이 가벼운 것을

매일매일 회개하며
감사의 기도로 끝을 맺는 일상
이것이 삶이겠지.

덧없는 인생

삶의 긴 터널 지나다 보니
초록 이파리 변하여
낙엽 되어 나뭇가지에
걸쳐있구나

흐르는 세월 잡을 수 있다면
꼭꼭 여며둔 애틋한 추억들
꺼내서 활활 태우고 싶은데

서산에 노을이 애처롭고
인생은 덧없지만 남은 불꽃은
태우고 싶은 심정은
감출 수 없구나

지는 낙조가 아름다운 것은
아쉬움 때문일 것이며
인생 황혼 길도
아쉬운 미련 때문일 것이다.

구행자

인생과 인연

가을은
붉게 물든 단풍잎처럼
절정의 순간이
가장 아름답다

인생은
저녁 노을빛 같이
황혼이 질 때 더욱
아름답게 져 가야 한다

인연은
소중한 보석 같은 것
사랑하고 사랑받고
행복을 꿈꾸며 살아가자

사랑,
길섶 나무와 풀 한 포기마저도
서로 사랑을 하는데
우리 인연들 소중히 여기며
사랑하며 살아가자

하루,
지나가는 것이 아니고
쌓이는 것이니
우리 인연도 쌓여서 흐르는
강물처럼 바다에서 서로
만나면 얼마나 좋을까.

구행자

3부. 순환의 시절

봄이 오고 있다

솔솔 부는 봄바람 춤추며
봄이 오는 길목에서
노랑 저고리 연분홍 치마
곱게 차려입고 다가온다

어느새 텃골 언덕은
꽃동산으로 변해가고
오고 가는 행인들
웃음으로 반긴다

봄은 점점 깊어가고
발걸음도 가볍게
콧노래 부르며
시가 있는 언덕길 오른다

아,
봄이 왔네
아직도 내 가슴은 겨울인데
봄이 먼저 찾아와 반긴다.

성에꽃

무지개 옷 갈아입은
그리 곱던 단풍잎도
서서히 퇴색되어
낙엽 되어 뒹굴어 다니고

아침저녁 부는 찬바람에
지난밤 살포시 내려앉아
유리창에 하얗게 핀 꽃들

싸늘한 바람이 불어와
꽁꽁 얼어붙은 마음
호호 불며 닦아도 닦아도
다시 피어나는 흔적들

반짝이는 햇살 비춰오니
주르르 눈물 흘리며
떠나가는 성에꽃
아! 어느새 겨울에 있네.

구행자

매화꽃

뜰앞에 매화꽃이 왜 이리 곱디고와
봄빛이 시샘하듯 벌 나비 날아들고
꽃송이 두어 봉오리 앞 다투어 피었네

춘삼월 피었다가 늦은 봄 숨어버려
너의 생 애처로워 풀잎에 맺힌 이슬
새봄이 찾아올 때만 피어나는 매화꽃.

민들레꽃

포공구덕(蒲公九德)
민들레꽃은 아홉 가지
배울 점이 있다

민들레꽃이 피면 눈은 즐겁고
이파리와 뿌리는 입맛을 돋우니
버릴게 하나도 없는 꽃이다

꽃이 지면 관모를 쓰고 있다가
흔적도 없이 날아가
어딘가 뿌리를 내리는 꽃이다

민들레는 아무리 밟아대도
끈질긴 생명력을 지녔으며
사람들이 배울 귀감이다

우리 선조들의 지혜를
온고지신(溫故之新)으로 삼아
배우며 살아가자.

구행자

능소화꽃

그리움이 사무쳐 붉게 물들어
칠 구월 땡볕 무릅쓰고
붉게 타오르는
너!
못내 이루지 못한 사랑 그리워

담장 넘어 타올라
기웃기웃 거리나
명예와 영광도 좋지만
그리움만 못 하더라

애잔한 마음 눈시울 적셔
시냇물 되어 흘러가고
못다 한 정만 쌓여간다.

허공(虛空)

허공은 무한대 공간
새들의 천국이지만
쉴 새 없이 날갯짓해야
목적지에 갈 수가 있다

인생
살아가는 것도
쉴 새 없이 날갯짓해야
고지에 오를 수 있으며
원하는 것 쟁취할 수 있다

인생
허공에 미래를 걸지 말자
허우적대다 끝난다
생존경쟁 속에 살려면
굳건한 의지를 마음 판에
심어야 미래가 있는 것이다.

구행자

단비

애타게 기다리는 단비가 내려요
소리 없이 내리는 저 빗줄기는
아마도 초여름을 재촉하는 비인가 봐요
가뭄에 지친 농민의 마음은
사랑에 실패해 가슴 태우는
처녀의 마음 같네요

기다리는 비가 흡족히 내리면 좋으련만
비는 많이 안 오고
아스팔트도 대지를 녹일 듯 타들어 가고
첫사랑에 실패한 언니의 마음 같아요

6월에 내리는 단비는
농부를 기쁘게 하고
풍년을 가져오는 지름길이죠
이제라도 내려주는 단비
여인의 달콤한 유혹 같아요.

폭포수

산기슭 여인이 오열하듯
울컥울컥 토해 내는 물줄기
무지개 띄우며 쏟아지네

세상살이 찌든 몸과 마음
잠시 잠깐 물속에 퐁당 담가
더없이 맑아지고 싶네

어느새 하얀 물거품
초록 물결로 변해
가슴 벅찬 꿈 찾아 떠나가네.

구행자

해운대 바닷가

북적이던 인파 잠들고
구름처럼 파도 밀려와
포말을 일으키며 스쳐간다

태양은 수평선 위로 솟아오르고
붉게 물든 바다
한편의 풍경으로 변한다

하루가 지났고
또 하루를 알리는 태양 빛
서서히 막을 올린다

저 멀리 보일 듯 말듯
솟아있는 오륙도
선창가 갈매기
날갯짓하며 구애를 한다.

노을

서산에 걸린 너의 모습
왜 그리 고운지

자연의 순리 따라
뜨고 지건만

어쩌면 노을은 질 때
더 아름답다 했던가

우리 인간도 사라질 때
더 예뻤으면 얼마나 좋을까
저 노을처럼.

구행자

창밖의 빗소리

창밖에 비가 추적추적 내리고
내 마음속에 내리는 비는
우산을 쓸 수가 없어
그대로 가슴으로 맞는다

비가 내리는 날엔
왠지 마음이 울적해
빗줄기 사이로 걸어보아도
마음에서 내리는 비
그칠 줄 모르고 주룩주룩 내린다

인생은 혼자 왔다 혼자 가는 것
외로움 수반하는 것이며
삶이란 여행이라고
자문자답(自問自答) 위로를 삼아본다

창밖에 내리는 빗소리
창문을 두드리며
파장을 일으킬 때
인생 새로운 무늬를 만들며
빗소리 연주곡 만들어간다.

용추폭포

오월의 눈부신 햇살
초록 이파리 춤추고
비탈진 고갯길 올라가니
무릉계곡 용추폭포
한 많은 여인의
치마폭처럼 걸쳐있네

싸이고 쌓인 아픔의
흔적인가
제대로 쏟아 내지 못하는
너의 상처들

안타까운 여인의 삶 같구나
흡족히 비가 내리면 쌓인 한을
울컥울컥 토해낼 텐데

푸른 하늘 쳐다보니
꽃구름 몽실몽실 피어나
무지갯빛 꿈 찾아 떠나간다.

구행자

모란꽃

화창한 오월 어느 날
땅속에서 잠을 자다
두툼한 이불속에서 나와
드디어 따뜻한 햇살 받으며
새로이 피어나 온몸 불태운다

검붉어 요염한 자태
나를 매혹시키는 열정
태워도 태워도
긴 여운만 남는다

깊게 새겨진 그리움
사랑하기엔 너무 짧은 생
붉은 꽃잎 뚝뚝 떨어지네
너의 짧은 사랑이 안타까워
눈시울 적신다.

해바라기꽃

길섶 흐드러지게 핀
해바라기꽃
누구를 기다리다 지쳤나
끄덕끄덕 졸고 있는 것
같기도 하고

고개 숙인 너의 얼굴은
무엇에 토라졌나
외면하고 있는 것
같기도 하구나
정성 들여 사랑했는데

불타는 태양마저
슬그머니 꽁지를 빼고
너를 바라보는 나는
애처롭기만 하다.

구행자

새 한 마리

꼭꼭 닫혔던 빗장 열고
세상 밖으로 나왔다
성 안에만 갇혀있던
새 한 마리
세상 두려워 날을 수 없네

어떻게 날갯짓해야 할까
세상 이치 제대로 아는지
두려워 말고 훨훨 마음껏
넓은 세상 날아 날갯짓하렴

꿈 찾아 행복 찾아
마음껏 날아서 못다 한
사랑 즐기며 살려무나
행복은 찾아야 가질 수 있다.

반추

찬바람 가슴속 파고들어
옷깃을 여미어 본다

나는 무슨 생각에 젖어
터벅터벅 걸어가나

여전히 꿈이 많아
아직 이루지 못했나
무엇을 갈구하는가

흰머리 늘어가고
세월의 뒤안길
그것은 반추의 시간들

지금 이 순간부터
남은 여정은 환희의 시간만
바라보며 걸어가리라.

구행자

들꽃

깊은 산속 외롭게 핀
들꽃
누군가를 기다리며
외롭게 서 있다

비바람에 시달려도
너는
향기를 지닌 채
말없이 웃으며 서있다

바람이 불적마다
들꽃
한 잎 두 잎 떨어져
벌거벗고 쓸쓸히 서 있다.

봄 까치꽃

찬바람 속에 먼저 찾아온
귀한 첫 손님 너무 작아서
앙증맞고 사랑스런 예쁜 꽃

잘났다고 과시 하지 않는
낮춤으로 돋보이는 너는
겸손과 미덕을 갖춘 깜찍한 꽃

양지바른 길섶에
옹기종기 모여 속삭이며
살포시 웃음 짓는 너는
기쁜 소식 전해주는 귀한 꽃.

구행자

짧은 사랑 긴 여운

짙푸른 초원 이름 모를 꽃
불타는 정열 설레는 가슴
오뉴월 삼복더위
솟아나는 땀방울 온몸을 적신다

살랑살랑 부는 바람
초록 이파리 춤추며
온몸을 애무한다

그대의 달콤한 속삭임
내 마음 설레게 하고
불꽃같은 내 마음 황홀한데

어느 날 갑자기 끝나버린
짧은 시간들 석별의 정은
긴긴 여운만 남는다.

엄마의 추억

두메산골 풍광이 아름다운 그곳
내 고향 산천 십리길 5일장 가시면
소녀는 마중 나가 산마루에 걸터앉아
엄마 오길 눈 빠지게 기다려
주머니에서 꺼내 주시는 눈깔사탕 받아먹는
재미가 있었다 지루하면 사방에 널려있는 들꽃과
속삭이며 놀던 어린 시절 추억
뒤돌아보니 소중한 나의 재산이다
가끔씩 떠올라 미소 지으며 행복에 젖어본다.

구행자

시골 아낙

눈앞에 안 보이면
마음도 멀어진다 하네
어쩌랴 눈앞에서 안 보이는데
그리움은 왜 더 커져만 가나

캄캄한 밤하늘 수많은 별 중에
유난히 빛나는 별 하나
난 그 별이 좋아 이 한밤 새도록
실눈으로 바라본다

오늘도 사립밖에 서서
오실 듯 아니 오시는 님 올까 봐
눈이 길목으로 간다.

바위틈에 핀꽃

바람에 날려 떨어진 씨앗
고향이 어디인지도 모르고
타향살이 서러워
밤마다 별 보고 울었네

만고풍상 겪다 보니
그곳이 고향 되었네

바람에 날린 바위틈의 연약한 꽃하나
뿌리를 내리기 얼마나 힘들었나

내 삶은 바위틈에 핀 꽃이다

삶에 지쳐 휘청거릴 때
詩가 있어 위안이 되었고
詩란 내 삶의 텃밭이었다

씨를 뿌리고 가꿀 수 있는
유일한 낙
햇살과 흔들리는 바람이
꽃을 피웠다.

구행자

비 오는 날 안양천

안양천 산책길 예쁜 꽃들
잔치가 한참이며 제각기 자기
몸맵시 자랑하기 여념이 없다

하얀 수국은 함박웃음 짓고
요즘은 백일초가 고혹의 자태로
얼굴에 미소를 머금고 서 있다

하지만 오늘은 꽃들이 모두 울고 있네
임을 기다리며 백일홍 꽃은
수정 같은 눈물이 뚝뚝 떨어진다

예쁜 꽃송이에 맺혀 흐르는 눈물
한이 서리서리 쌓여
비가 되어 하염없이 흘러내린다.

수양버들

안양천 유수지
긴 가지 늘어뜨리고
살랑살랑
초록 이파리 춤춘다

늘어진 나뭇가지
흔들흔들
물속에 몸을 던졌다

한 폭의 산수화
바람이 불 때마다
그림을 멋지게 그리며
흥겹게 노닌다.

구행자

징검다리

하얀 뜬구름 머리에 이고
파란 햇살 가슴에 안고서
연분홍 향기에 취해서
안양천 산책길 걸었네

구로와 광명을 잇는 징검다리
거친 물살 가르며 누치 떼
떼를 지어 몰려와 꼬리를 툭툭 치며
애교도 부리고 사랑도 속삭이네

지금은 산란기 알을 많이 낳아서
번식시키는 게 그들의 의무다
옆에선 청둥오리 짝을 지어
물장구치며 즐겁게 노닌다.

가을이 노크한다

입추가 지나고 말복이 지났는데
이글거리는 태양은 여전히
대지를 불태우고
삼복더위 방불케 한다

여름은 언제쯤 뒷걸음치며
꼬리를 감추고 떠나갈까
조석으로 소슬바람은
노크하는데

조금 있으면
가을은 점점 깊어가고
산과 들엔 무지개 옷 갈아입고
맵시 자랑 여념이 없겠지

아!
왜 이리 세월이 빨리 가나
나는 아직 준비가 안 되었는데
가을은 손짓하며 부르니
손잡고 따라가야 할까.

구행자

단풍잎

서로 보듬어 앉고
단풍잎이 사랑을 속삭이다
미련 없이 날아가 버린다

옷을 갈아입고 나서
온몸을 불태우다
때가 되면 떠난다

어찌 단풍잎뿐이랴
사람도 노을빛 같이
아름답게 물들어 가다
사라진다 단풍잎처럼.

해바라기 순정

파란 하늘 뜬 구름 두둥실
넓은 들판 노랑 물결
넘실넘실 춤춘다

오뉴월 땡볕 무릅쓰고
온종일 한곳만 바라보는
너!
오실 듯 아니 오시는 님
기다리며 서산에 해 저문다

이처럼 한 사람만
바라보기 하며 서 있는
너!
고귀한 순정
아름다운 사랑 눈시울 적신다.

구행자

가을이 오는 소리

가을이 성큼성큼 다가와
문 앞에서 노크를 하네요
입추가 지나고 말복이 지났는데
매미 소리는 아직도
고막을 찌르듯 노래 부른다

무엇이 아쉬워 머뭇머뭇 하나
지루한 여름 빨리 지나가거라
올해는 무서운 코로나19 전염병
정신적 일상생활마저 위태롭다

오늘따라 가을 노래하는
귀뚜라미 소리가 그리워지며
풀숲 사이로 살포시 고개 내밀어
하늘하늘 코스모스 춤추고
아 어느새 가을이 오고 있다.

명성산 억새꽃

포천 억새꽃 군락지
은빛 물결 파도처럼 넘실거리고
소슬바람에 억새꽃 춤춘다

나는 억새꽃과 친구가 되어
은갈색 머리 휘날리며
술래잡기 푹 빠져 버렸다

억새꽃에 마음 뺏기고
들국화 향기에 취해서
해지는지 모르고 놀다가
애잔한 마음으로 자리를 떴다.

구행자

타오르는 단풍잎

안양천 산책길 목화 구름
머리에 인듯 두둥실 두둥실
가을 햇살 눈웃음치며
따라다닌다

붉게 물든 단풍잎
타오르는 정열
정열은 어찌 너뿐이랴

인간의 마지막 불꽃은
더욱더 눈부시어 정열적이며
나뭇가지 매달린 너처럼
붉고 아름다운 꽃이 된다.

갈대숲

은발 머리 휘날리며
상념에 젖어 산책을 하네
여기까지 오기 얼마나
힘들었나 뒤돌아본다

우거진 갈대숲 서걱서걱
갈대 우는 소리
서글프게 들려오고
눈보라 비바람 견디며
검은 머리 은색으로
변해만 가네
인생무상 허허롭다

기분마저 쓸쓸해져 오니
마음에 파장이 인다.

구행자

은행잎

늦은 가을 스산한 바람마저
매섭게 불어 나뭇가지는
정신없이 흔들거리네

거리엔 온통 노란 은행잎이
뒹굴어 다니고 그저 사람들은
아무 생각 없이 낭만을 즐기며

밟아대고 있다 아야, 아야,
아프다고 비명을 지르건만
아랑곳없이 그저 모르는 척

밟고 걷는다 무심한 인간들
어디선가 은행잎이
날아와 얼굴을 때린다

아차! 아야, 아야
복수를 하는 모양이다
나도 한 생명체란 말이야
하며 날아가 버리네.

나는 어미새

드높은 나뭇가지 위
조그만 둥지를 틀고
지상에서 제일 높은 곳

그곳은 나의 아파트
여름에 홍수가 나고
비바람 몰아쳐 와도

끄떡없는 내 보금자리
이곳에서 알을 낳고
새끼를 키우고 살며

자라면 분가를 시키는
나는 책임을 다하는
어미 새 한 마리

오늘도 창공을 훨훨 나르며
넓은 세상에서
희망의 날갯짓한다.

구행자

4부. 그리운 것들

나의 소녀 시절

두메산골 양지바른 우리 집 그곳이
나의 어린 시절 살던 고향집이다
6.25 직후라 의식주 해결하기도
힘들던 시절이다
동네에서 학교 다니는 아이는 나 하나
먼 길을 터벅터벅 걸어 다니느라
무척이나 힘들었다 해 질 무렵 노을이
아름다워서 시집 한 권 들고
뒷동산 풀밭에 벌렁 누워, 지는 노을빛 바라보며
아름다움에 취해 해지는지도 모르고
멍하니 바라보며 꿈을 키우던 시절
그 꿈을 망팔의 나이 훌쩍 넘어 이루었다
파란 햇살과 푸른 동산 풀 한 포기마저
아름답게 느낀 자연 속에 묻혀 살던 추억이
나에겐 소중한 재산이다.

침묵

침묵이란 때에 따라 값진 것이다
그러나 때로는 침묵 때문에
큰 상처를 입을 수도 있다

그러기에 침묵은 보이지 않는
무서운 무기가 될 수도 있고
이성간의 무서운 도구로 변한다

침묵은 때에 따라 값진 것도 되지만
이별을 자처할 수도 있으니
대화로 푸는 것이 더 현명하다.

구행자

잘못된 선택

아름다운 꽃길을 두고
왜
이처럼 비탈진 언덕을
선택해 힘들게 걷고 있나
지나고 보니 잘못된 선택

평생을 두고 후회할 짓을
그때는 철이 없어 몰랐어요
그 시절 다시 돌아온다면
두 번 다시 실수는 안 해요

세월은 바람처럼
물처럼 흘러 흘러서
머리에 잔서리 쌓여가지만
아직도 당신은 내 사랑

서걱대는 갈대숲 거닐며
지난날 반추해봅니다
만약 후생이 있다면
그때는 꼭 당신과 살고 파요.

순리

바람이 불어야 나뭇가지는
흔들리고
물은 흘러가야 다시 만나네

사람은 큰 나무에
기대야
편안함을 느낀다

흔들리고 흘러가야 하는
인생 이건만
돌아갈 줄도 알아야제.

구행자

해탈(解脫)

깊은 산속 고즈넉한 산사
들리는 것은 풍경소리

바람이 스치다 떠나간다

무엇을 위해 속세를 떠나
해탈(解脫)의 길을 걸어야 하나

인간사 엉키고 설킨 사연
풀겠다고 해탈의 길 걷나

알 수 없는 수수께끼.

파도와 조약돌

해일이 산같이 밀려오면
풍랑에 스치며
철석 철석!
울부짖는 파도 그리고
너의 조그만 몸뚱아리

파도에 씻겨 조금씩 조금씩
제각기 다른 모습이지만
꼿꼿이 한 자리만 지키며
세상 풍파 다 겪으며 지낸
너!

우리는 상생하는 친구들
바람이 잠을 자 고요하면
포말에 씻겨 더없이 깨끗해진
조약돌 정답게 속삭이며
웃음꽃 피우는 파도와 조약돌.

구행자

외로움

인간은 가끔 고독할 때가 있어
갑자기 사람이 그립고
누군가 보고 싶을 때가 있다

커피 한잔 마시며 이야기를
나누고 싶어 지는데
막상 딱 떠오르는 사람이 없네

가슴이 아려오고 눈물이 나
위로받고 싶은데
위로받을 사람이 없을 때

어쩌나
때때로 파도같이 밀려오는
공허한 마음 허허로워

나무에 달린 마지막 잎을 보며
눈가에 물기가 서리고
마음에 파장이 인다.

이제야 철이 드는가

인생 뒤늦게 깨달아
삶이 만만치 않다는 것을 알게 될 때
교만과 겸손함을 배워가게 됐고

세상 뒤늦게야 뜻대로
되지 않는 것을 깨닫고
자만심과 아집도 버렸다

사랑 한참 뒤에야
사랑이 쉽게 이룰 수
없다는 것을 알고
귀중함도 알았다
이제야 철이 드는가.

구행자

말의 능력 위대함

인생이란 참 미묘해서
고통을 이기면 환희로 바뀝니다
좌절을 극복하면 희망이 보여
불안에서 평안으로 변합니다

인생은 말하는 대로 되며
말은 능력입니다
몸에 맞지 않는 옷을 입으면
몸이 불편합니다

내 것이 아닌 남의 것을 가지면
마음이 불안합니다
사람은 저마다 합당한
자기 그릇이 있습니다

욕심을 버리고
마음을 비우면
평온이 찾아와서
인생은 자연 행복합니다.

인간의 심리

외로움이 파도같이 밀려와
포말을 일으킬 때가 있어
위로받고자 친구를 찾지요

허지만 허기를 채우지 못하고
돌아설 땐 왠지 모를 서러움
늪에 빠지는 느낌마저 들고

인간의 심리는 때때로 묘한
감정에 빠져 슬플 때도 있고
외로울 때도 있지만

바람에 스치듯 지나가면
평온이 찾아와 바람은 잠을 자고
새로운 마음 다잡는다.

구행자

그리움은 눈물 되어

보슬보슬 내리는 봄비는
유리창에 흘러내려
추상화 그림을 그린다

빗방울은 울기도 하고
웃기도 하며
내 마음을 연출하는
마법의 손인가 보다

마음속 화선지에 그림을
자유자재로
잘도 그리지만 마지막
내 마음 하나는 못 그린다.

못다 한 사랑

붉게 물든 단풍나무
온 산을 칭칭 감아
붉은 단풍잎 하나 따서
그리운 사연 꾹꾹 담아

물결 따라 졸졸졸
흘러 흘러서
계곡 끝자락에서 만나

못다 한 사랑
소곤소곤 꽃 피우며
우리의 인연 다시
이어졌으면 좋겠다.

구행자

도전은 꿈을 이룬다

늦다고 하지 마라
시작이 반이다
시란 무엇이냐
실상과 심상을
넘나들며 깊이 있게
묘사해 쓰는 글이다

나이는 문제 될게 없다
도전이 반이다
내 나이 망팔이 넘어서
도전했더니
아름다운 꿈은 이루어져
또 다른 세계가 펼쳐진다.

그리운 당신

가슴 아프도록 누구를
그리워 한적 있나요
너무도 그리워
초점 없는 눈에 눈물이
비가 되어 내리듯
내 마음속에
그리움이 가득 차
비가 되어 울고 있어요

지나고 보면 아픈 추억도
아무것도 아닌 양
세월 속에 묻어 지나가지만
그래도
이렇게 비가 오는 날엔
더욱더 그리운 당신의 모습
그곳에서는 뭘 하고 계실까
보고 싶어요 내 사랑.

구행자

나의 말년

인생이란 사계절
초년은 새싹
청춘은 신록
중년은 꽃
말년은 낙엽

흔히 그렇게 말하지만
나의 말년은
서산에 지는 노을처럼
아름답게 비치는 황혼이고 싶다.

보석 같은 인연

깊어가는 가을밤
밤하늘에 반짝반짝
빛나는 별들이
어느새 보석으로 변하여
내 마음속에 속속 박혔다

인연이란 참 묘한 것
수많은 사람 중에
한 사람 만난다는 것은
우연이 아닌 필연이다

그런 소중한 사람이 친구 되어
험한 세상 길동무 된다면
조금은 의지가 될까?
그 사람이 바로 보석 같은 인연이다.

구행자

인생에 의미를 두지 말자

인생은 길가에 피어있는
한 포기 들꽃 같아요
합리적 말인 것 같다

길가에 들꽃처럼
비 오면 비를 맞고
눈 오면 눈을 맞고
그렇게 살면 된다

내가 남보다 잘나고 싶어
특별한 존재라고 생각하면
삶이 피곤해진다

그냥 주어진 대로 살면 될지니
남보다 우월(優越)하게 살겠다고
발버둥 치면 인생 피곤해진다

삶에 너무 의미를 부여 말자
삶이란 의미를 갖고 사는 게 아니라
그저 살아가는 거니까.

인생의 무늬

인생 살면서
희로애락(喜怒哀樂) 속에서
내가 살아온 짙은 무늬는
지나간 세월의 흔적들이다
그 흔적들은 너무도 크기에
지울 길이 없네

새로운 삶의 향기를 찾아서
길을 떠나자
인생 아름다운 무늬 만들자.

구행자

산마루 노을빛

산마루 노을빛 머뭇거리네
황혼길 아쉬워서 쉬어가려나
세월을 잡을 수 없어 그냥 보낸다

낙엽 떨어지는 소리마저
섧게 들리고 삶의 느낌마저
슬픈 가락 되어 들린다

쓸쓸한 가을 풍경마저
여운을 남기고 그대로
세월은 모르는 척 흘러간다

하지만 붉은 낙엽이 붉게
물들기까지 인고의 고통이
있었기에 불태울 수 있다.

깊은 밤 잠 못 이루고

달빛은 나뭇가지 사이로 스며들고
풍광은 고즈넉이 내 마음 뺏어가네
무엇이 안타까워 장승처럼 서 있나

고요한 창가에서 가녀린 아낙네가
깊은 밤 애태우며 단잠을 못 이루나
행여나 님 오실까 봐 서성거리니

적막한 이 한밤은 길기만 한 것 같네
그님은 아니 오고 애잔한 눈물 고여
이 밤도 하얗게 밝아 못다 한 정 그립다.

구행자

일장춘몽

바람처럼 스쳐가는 세월 속에
인생을 짊어지고 사는 삶
빠른 세월 막을 수 없고
가는 세월 잡을 수 없으니
욕심을 부려서 무엇 하나
인생은 공수래공수거
마음을 비우고 살아야 한다

고즈넉이 들려오는 풍경소리
잠 못 이루고 이 밤도 깊어만 가고
잠들지 않는 상념은 실타래 되어가네
어차피 인생은 일장춘몽
무엇을 그리 애태우나
지나가면 모두 꿈이다.

겨울 문턱

산기슭 고운 단풍도
한 잎 두 잎 떨어져 쌓여가고
가을은 서서히 멀어져
나목이 되어가네

이별을 고하듯 비는 추적추적 내리고
겨울은 문턱에서 노크하네
산과 들에 하얀 서리가
희끗희끗 살짝 내리더니 벌써 입동

겨울이 오면 목화밭으로 변해
멋지게 겨울을 연출하겠지
가녀린 여인은 어깨가 움츠려져
마음은 허허롭고 눈가엔
물기가 어려와 옷깃을 여미게 하네
겨울의 문턱에 서서.

구행자

첫눈 오는 날

소리 없이 첫눈이 내리네
나무에 매달려 떨고 있는
낙엽
목화솜이 살포시 감싸준다

이런 날엔 지난 추억 새록새록
떠올라 멋진 그림을 그리며
마음이 허허로워져
남친에게 카톡을 띄워본다

답변은 짤막하게 왔네
방콕 여행을 떠나자고
어찌 알았지
나도 비행기 타고 싶었다.

함박눈

하늘에서 함박눈이
바람 타고 펄펄 날아
땅 위에 살포시 앉으면
하얀 이불로 변한다

함박눈은 마법사처럼
온 땅을 하얀 이불로 덮어
세상이 모두 깨끗해졌다

인간의 더러운 탐욕도
하얀 눈으로 덮어서
깨끗이 변했으면 좋겠다.

구행자

구행자 선생님
첫 시집 출간을 축하드립니다.

조한순 (시인. 수필가)

 구행자 선생님은 영혼이 자유롭습니다. 자연을 사랑하고 인간을 사랑하는 순수한 영혼입니다. 자신의 삶을 개척하는 정열이 있고, 시와 수필을 쓰면서 또한 연극도 즐기면서 외로움과 고난을 즐거움으로 방향전환을 하는 예술인입니다.

'홍정 계곡' 에서

 깊은 계곡의 물소리
 아름다운 선율
 나무숲을 감싸는 운무는
 한 폭의 수묵화…

그리움으로 밤을 지샌 다람쥐
사랑 찾아 헤매고
계절은 바뀌어 무지개 옷을 갈아입으면
무릉도원이 따로 없겠네.

이렇게 자연의 현상을 한 폭의 수묵화로 노래합

니다. 고독한 삶과 누군가를 그리워하는 마음을 무지갯빛으로 표현하면서도 '무릉도원이 따로 없다'라고 여유를 즐깁니다.

 시인은 자신의 감성을 통해 희로애락을 서정시로 표현하는 재치와 여유가 있습니다.
삶이란 고통이지만 반전하는 노력과 삶의 도전은 용기를 이끌어 내고 고독을 깊이 있는 詩로 노래합니다. 시를 쓰는 시인의 영혼은 희망과 풍요와 자신을 힐링하는 여유로움이 마치 솟아오르는 맑은 옹달샘입니다.
 서정시를 쓰는 시인은 추억의 현장으로 독자를 끌어내면서 자신의 영혼과, 자연과 인간과의 관계를 화사하게 승화시킵니다.
 숲속의 적막도, 하얀 겨울의 차가움도, 봄을 기다리는 시인의 정서로 즐기면서 싱그럽게 포옹하는 재치와 여유로 진솔한 삶의 무게를 노래합니다.
소녀 시절의 묻어두었던 로망을 이끌어 내면서 삶을 새롭게 발전시키고 있는 중장년의 아름다움이 향기롭고 여유롭습니다.
 詩와 隨筆을 쓰고, 또한 연극도 즐기면서 예술의 혼을 가꾸는 행운도 잡았습니다.
선생님! 늦깎이 예술인으로 화려한 발돋음 하시기를 빕니다.

구행자

창작동네 시인선 130

치유의 숲속 길

인　쇄 : 초판인쇄 2021년 07월 05일
지은이 : 구행자
펴낸이 : 윤기영
편집장 : 정설연
펴낸곳 : 노트북 출판사
등　록 : 제 305-2012-000048호
본　사 : 서울시 동대문구 사가정로 256-4호 나동B101
전　화 : 070-8887-8233 팩시밀리 02-844-5756
　HP　 : 010-8263-8233
이메일 : hdpoem55@hanmail.net

2021.07 치유의 숲속 길_구행자 시집

정　가 : 10,000원

ISBN : 979-11-88856-31-2-03810

*저자와의 협의로 인지는 생략합니다.
*잘못된 책은 교환해 드립니다.